Menschen, Märkte, Traditionen

Edition Kreissparkasse Ostalb

„Tradition pflegen heißt nicht Asche aufbewahren, sondern Glut am Glühen halten."

Jean Jaurès (1859-1914), frz. Politiker

Menschen, Märkte, Traditionen

Bilder und Geschichten der Ostalb

Edition Kreissparkasse Ostalb

Impressum

Menschen, Märkte, Traditionen
Bilder und Geschichten der Ostalb
ISBN 978-3-00-032224-2
1. Auflage, 10/2010

Herausgeber
Kreissparkasse Ostalb,
Der Vorstand
Carl Trinkl (Vorsitzender)
Dr. Christof Morawitz
Andreas Götz

Projektleitung
Kreissparkasse Ostalb,
Holger Kreuttner
Aalen

Fotografie
Johannes Rodi,
Schwäbisch Gmünd

Text
Udo Naruga,
Watt‘n Text,
Agentur für Text & Kommunikation,
Schwäbisch Gmünd/Cuxhaven

Visuelle Gestaltung
cross media,
Martin Kallenbach,
Schwäbisch Gmünd

Reproduktion
cross media,
Steffen Thiel,
Schwäbisch Gmünd

Druck, Finishing
Gaiser Print Media GmbH,
Schwäbisch Gmünd

Inhaltsverzeichnis

Menschen, Märkte, Traditionen – Bilder und Geschichten der Ostalb

Vor nunmehr drei Jahren ist die Idee entstanden, einen ganz besonderen Bildband über die Ostalb zu gestalten, der über die sonst üblichen und zurecht beliebten Natur- und Landschaftsmotive hinausgeht. Denn unsere Heimat bietet nicht nur eindrucksvolle und äußerst abwechslungsreiche Landschaften, sondern besticht gleichermaßen durch Vielfalt und Facettenreichtum des Lebens in den Städten und Gemeinden, der Bauwerke, der Kunst und Kultur, sowie der Traditionen und der Menschen selbst.

Wir freuen uns sehr darüber, dass auch die Kreissparkasse Ostalb ein wichtiger Teil dieser schönen Heimat ist und nicht wenige Menschen ganz selbstverständlich von „unserer Sparkasse" sprechen. Denn langjährige, verlässliche Partnerschaften und eine starke Verwurzelung und Verbundenheit mit der Region genießen in unserem Hause schon immer einen hohen Stellenwert. Auf der Grundlage dieser Werte ist auch der Bildband „Menschen, Märkte, Traditionen – Bilder und Geschichten der Ostalb" entstanden.

Von der Vielzahl der dabei als Motiv für das Buch in Frage kommenden „Menschen, Märkte und Traditionen" waren wir selbst überrascht. Denn bei der Suche nach den schönsten Themen haben wir viele wunderbare Hinweise von den Bürgerinnen und Bürgern aus dem gesamten Ostalbkreis erhalten. Dafür sind wir sehr dankbar!

Anders als bei unserem Heimatkalender des Jahres 2011, der unter der gleichen Überschrift wie dieser Bildband steht, müssen wir uns hier nicht auf 12 Monatsmotive beschränken. Auf 128 Seiten können wir insgesamt 37 liebenswerte Ostalb-Traditionen aufgreifen und diese mit schönen Bildern sowie einfühlsamen Texten würdigen.

Wir hoffen daher, dass Ihnen diese Zusammenstellung gefällt und wir Sie mit einigen unbekannten und vielleicht auch unerwarteten Eindrücken unserer wunderschönen Heimat von den Ellwanger Bergen bis zum Albtrauf, vom Härtsfeld bis zur Frickenhofer Höhe und vom Kocher bis zur Rems verzaubern können.

Wir wünschen Ihnen viel Freude beim Betrachten der Bilder und beim Lesen der Geschichten Ihrer Heimat, unserer Ostalb.

Ihre
Kreissparkasse Ostalb

Im November 2010

Echte Regina
BERGWARE

„Wir gehen auf den Markt!“

Ein Satz, der bei manchem lebhafte Bilder und Assoziationen auslösen mag, den man aber immer seltener hört. Bildete der Markt über Jahrhunderte das Zentrum für den Austausch von Waren und Informationen, so funktioniert Handel und Kommunikation heute vielfach anders.

Wir begeben uns Tag für Tag mehr in virtuelle Welten. Wir lassen uns daheim allein am Bildschirm von Texten, Grafiken und schönen Bildern beeinflussen. Statt zu verhandeln füllen wir Formulare aus, statt das Geld aus der Geldbörse zu ziehen, zahlen wir mit Kreditkarten und manch einer hat Mühe, den Wert des Geldes zu achten.

Wir verzichten zunehmend darauf, ausgiebig zu testen, was uns geboten wird; mit den Augen zu prüfen, uns zu legen, uns zu setzen; wir berühren die Buchumschläge nicht mehr und verzichten darauf, die Qualität des Papiers zu prüfen, wir lassen den Stoff der Kleider nicht mehr durch die Finger gleiten, schmecken den Wein nicht mehr mit unserem Gaumen, lassen uns nicht mehr vom Duft eines Parfüms verführen. Wir müssen nicht mehr miteinander reden, um unsere Grundbedürfnisse zu befriedigen. Feilschen, verhandeln und tauschen sind in unseren Breiten Relikte aus vergangener Zeit. Stattdessen klicken wir irgendwo etwas an und bieten bei ebay.

Die Tastatur des Computers ist zum Mitteilungsorgan geworden, der Bildschirm zum Tor in eine virtuelle Welt, die im engeren Sinne tatsächlich nicht mehr greifbar ist.

Der Handel ist weltweit und automatisiert. Umtauschen können wir fast alles, oft sogar ohne Angabe von Gründen.

Aber es gibt ihn noch, den traditionellen Treffpunkt für Menschen, denen die Anonymität vor dem Bildschirm nicht entspricht: Wochenmarkt, Jahrmarkt, Krämermarkt, Weihnachtsmarkt, Pferdemarkt – der Markt als Mittelpunkt der Stadt ist ein globales Phänomen – gestern wie heute. Er ist seit Hunderten von Jahren Zentrum geistiger und wirtschaftlicher Entwicklung; er ist Treffpunkt für Männer, Frauen und Kinder, die hier ihren Hunger nach Nahrung und Neuigkeiten stillen.

In den Frühzeiten des Handels trifft man sich an Orten, die Leben spenden: an einem Brunnen oder Fluss. Mit der Zeit siedeln sich dort Handwerker und fahrendes Volk an, und Jahrhunderte später werden Kirchen, Rathäuser und Gasthöfe zu Entwicklungshelfern expandierender Städte – der Markt selber spendet jetzt Leben.

Die Menschen handeln wie eh und je: mit Getreide, Gemüse und Fleisch, bieten guten Wein und Käse inklusive Gesellschaft und neustem Klatsch und Tratsch, Sensationen und Skandalen. Man trifft sich zwischen Gemüseständen, Blumenhändlern und Kräuterexperten.
Die Händler preisen unermüdlich ihre Waren an, während sich Angebot und Nachfrage wandeln im Laufe der Zeit. Und doch ist der Rettich und Kohl nach wie vor nirgends besser und günstiger als am Stand hinter dem Brunnen, der Fischhändler hat natürlich immer den frischesten Fisch und beim Bauern an der Ecke gibt es zu den Kartoffeln die Petersilie gratis dazu. Man kennt sich.
Die Lauten, die Leisen, die Eitlen und Unscheinbaren, Junge und Alte, Kranke ebenso wie Arme und Reiche. Die Menschen reden, diskutieren, verhandeln, prüfen, streiten, reklamieren und entscheiden.

So mancher mag sich da lieber in ein Café nahe der Kirche setzen und dem Trubel und Treiben der Flanierenden und Feilschenden aus sicherer Entfernung folgen. Denn nirgends sonst lässt sich ‚Menschsein' so gut beobachten wie auf einem Markt.

Der Markt im Mittelalter

Was sich den Menschen auf einem Markt im Mittelalter präsentiert haben mag, zeigen alljährlich zahlreiche historische Märkte im ganzen Land.

Der Staufermarkt im Kloster Lorch ist nicht nur wegen seiner geschichtsträchtigen Lage bemerkenswert. Jedes Jahr am 3. Wochenende im September können Besucher hier für zwei Tage in den Alltag von Rittern, Burgfrauen und Bauern des Mittelalters eintauchen.

Neben buntem Marktreiben mit Händlern und altem Handwerk, mittelalterlichem Lagerleben, Schwertkämpfen und allerlei fahrendem Volk lässt sich eine uralte Jagdtradition bestaunen: In einer Greifvogelflugschau der im Kloster ansässigen Falknerei kann man hautnah die faszinierenden Jagdkünste von Falken, Adlern, Eulen und anderen Greifvögeln erleben.

Dass die Falknerei eine verantwortungsbewusste Berufung und somit weit mehr als ein außergewöhnliches Hobby ist, wird deutlich, wenn man den fachkundigen Ausführungen erfahrener Falkner während einer Schau folgt. Für sie sind die Greifvögel ein wichtiges Glied in einem funktionierenden Ökosystem.

Über Jagd, Haltung und Behandlung der Greifvögel schreibt bereits Friedrich II. von Hohenstaufen (1194-1250) in seinem Falkenbuch „De arte venandi cum avibus“ – „Über die Kunst mit Vögeln zu jagen“.

Wahrscheinlich ist jedoch, dass diese Art zu jagen noch viel älter ist, da Greifvögel in aller Welt seit jeher als Symbol für Kraft und Ausdauer bewundert und verehrt wurden.

Der Markt als bunte Schau des Lebens

Bereits im Hochmittelalter besaß der Markt eine zentrale Funktion im Alltag einer Stadt. Auf den schönsten Plätzen des Ortes, umgeben von Prachtgebäuden und mindestens einer Kirche und einem Gasthaus, drängten sich Gaukler, Seiltänzer, Krämer und natürlich die Bauern der Umgebung. Lautstark trieben sie Handel mit Adligen, Soldaten und einfachen Bürgern. Selbstbewusst, mit großen Gesten priesen sie ihre Waren an:
heimisches Gemüse, orientalische Gewürze, feinste Tuchwaren …

Die Menschen kannten sich und alle meinten zu wissen, wie es zuging im Land und in der Stadt. Der Markt wurde zum bedeutenden Mittelpunkt der Gesellschaft und durch den Markt wurde die Stadt erst zu dem, was sie heute ist.

An der Südwestseite des Heilig-Kreuz-Münsters befand sich bis 1807 ein Friedhof samt der Friedhofskapelle St. Michael. Heute findet hier der Gmünder Wochenmarkt statt.

Höllenbrut und Himmelswächter:

Seit Jahrhunderten blicken mittelalterliche Wasserspeier vom Gmünder Münster hinab auf das Treiben der Menschen. Sie mahnen die Vorübereilenden, sich nicht mit dem Teufel einzulassen. Geborgenheit und Schutz, so die Aussage der Bildhauer und Kirchenfürsten, finde man erst im Inneren der Kathedrale, bei Gott.

»Es ist ein sonderbares und liebkosendes Gefühl, auf einmal aus einem wühlenden Markte in den ruhigen Umkreis der einfarbigen Schöpfung zu treten ...«

So empfand es bereits Jean Pauls »Siebenkäs« vor über zweihundert Jahren, und so mag es den Menschen bis heute ergehen, wenn sie das turbulente Treiben des Wochenmarktes verlassen, um im Inneren des Münsters für einen Moment die Stille zu genießen.

Vieh- und Pferdemärkte

„Immer der Nase nach."
Mit diesen Worten schickte man früher Händler und Gaukler fort, die die nächstgelegene Burg und den damit verbundenen Markt suchten.

Denn wie auch immer die Präsentationen und Verhandlungen zwischen Züchter und Käufer auf einem Viehmarkt vonstatten gegangen sein mögen, für feine Nasen wird der Ort nichts gewesen sein.

Und doch wurde bis weit in die 1970er Jahre auf den Märkten der Ostalb vielfach auch mit Vieh gehandelt.

Rinder, Schweine, Schafe oder Ziegen, Enten und Hühner waren beliebte und vielfach lebensnotwendige Handelsobjekte. Dem Pferdehandel kommt auch heute noch eine besondere Bedeutung zu.

„Kalter Markt“ in Ellwangen

Alljährlich, am Montag nach dem Dreikönigstag, versammeln sich in Ellwangen Pferdeliebhaber und Pferdezüchter, um den wichtigsten traditionellen Feiertag der Stadt zu begehen: den „Kalten Markt“.

Auf einem der ältesten deutschen Viehmärkte präsentieren Jahr für Jahr stolze Besitzer Hunderte prunkvoll geschmückte Pferde unterschiedlichster Rassen. Während einer Parade ziehen zahlreiche Reiter und etliche Gespanne mit ihren dampfenden, schnaubenden Rössern bei klirrender Kälte durch die Altstadt, begleitet von traditionell gekleideten Bürgergarden und Musikkapellen.

Der Ursprung des Kalten Marktes liegt in der Türkei, in Kappadokien, was im Persischen so viel bedeutet wie: „Land der schönen Pferde“. Hier, an der berühmten Seidenstraße in Zentralanatolien, lebten im 2. Jahrhundert die Drillinge Speusippus, Eleusippus und Meleusippus. Der Überlieferung nach zeichneten sie sich vor allem als Pferdezüchter aus.

Durch ihre Großmutter Leonilla zum Christentum bekehrt, starben sie, gerade mal 25 Jahre alt, unter Kaiser Marcus Aurelius etwa im Jahre 166 um ihres Glaubens willen den Märtyrertod. Im Jahre 764 brachten die adligen Brüder Hariolf und Erlolf Reliquien der kappadokischen Pferdezüchter und Heiligen aus dem Französischen Langres in das Jagsttal und gründeten das Benediktinerkloster Ellwangen.

Im Ellwanger Lehensbuch A von 1370 wird der „Kalte Messtag" erwähnt, der bis ins 17. Jahrhundert hinein stets am 17. Januar, dem Gedenktag der Drillinge, abgehalten wurde. Bis heute werden Speusippus, Eleusippus und Meleusippus als Pferdeheilige verehrt.

Ein festlicher Gottesdienst, zu Beginn des Kalten Marktes in der Basilika St. Veit abgehalten, erinnert an die drei Heiligen.

Seinen Namen verdankt der „Kalte Markt" in Ellwangen schlicht den Temperaturen, die zu dieser Jahreszeit herrschen. Bis in die 1970er Jahre des 20. Jahrhunderts wurde hier vor allem mit Pferden gehandelt.

Heute stehen die Prämierung der Pferde und der Festumzug im Mittelpunkt der Feierlichkeiten.

Adventsmarkt, Christkindlmarkt, Weihnachtsmarkt

Wer weihnachtliche Köstlichkeiten mag und sich gerne in einer festlichen Umgebung aufhält, der wartet an einem kalten Tag auf die Dunkelheit, packt sich warm ein und stattet dem Weihnachtsmarkt in der Stadt einen Besuch ab.
Bereits nach wenigen Metern umfängt den Besucher dann der Duft von Bienenwachskerzen, gebrannten Mandeln, frisch gebackenen Waffeln, Glühwein und Punsch. Eine Zauberlandschaft scheint sich aufzutun: Überall glitzert und funkelt es und die Augen der Kinder werden immer größer beim Anblick des überdimensionalen Adventskalenders, des riesigen Christbaums und der Krippendarstellung mit echten Eseln und Schafen.

Adventszeit:
Dem Ursprung nach eine von der christlichen Kirche auf vier Wochen festgelegte Zeit des Fastens und der Buße, eine Zeit der Ruhe und Besinnlichkeit, aber eben auch eine Zeit der freudigen Erwartung.

Weihnachten ist überall

Aalen, Hohenroden, Ellwangen oder Schwäbisch Gmünd – in der Adventszeit finden sich Weihnachtsmärkte nicht nur in Gemeinden der Ostalb, sondern in ganz Deutschland und in weiten Teilen Europas. Als Symbol dieser Verbundenheit mag hier der alljährlich zur Adventszeit stattfindende Fackellauf zwischen Essingen und Hohenroden gelten, bei dem das Licht, das die Menschen aus dem Dunkel herausführt, von einem Weihnachtsmarkt zum anderen getragen wird.

Erstmals nachgewiesen sind Märkte dieser Art im 13. Jahrhundert. In früheren Zeiten wurde der Markt kurz vor Weihnachten dazu genutzt, sich mit Winterwaren zu versorgen. Heute bieten, häufig eingebettet in die historischen Kulissen der Städte, festlich dekorierte Stände und Holzbuden den Besuchern alles, was das weihnachtlich gestimmte Herz begehrt. Von einfachen Geschenkartikeln bis zur handgefertigten Holzschnitzkunst, Rauschgoldengeln, Christbaumschmuck oder Grußkarten. Somit ist das Warenangebot auf den Weihnachtsmärkten auch heute noch überwiegend traditionell gehalten. Allerdings zeigt das Auftauchen riesiger roter Trucks bekannter Getränkefirmen, dass auch die Weihnachtsmärkte einem Wandel unterzogen sind.

Kugelmarkt Heubach

Glas, Glanz und Glitzer unterm Rosenstein – auf dem Weihnachtsmarkt in Heubach präsentiert sich Jahr für Jahr der Kugelmarkt aus der Partnerstadt Lauscha in Thüringen. Neben der Lauschaer Glasprinzessin und traditioneller Glasbläserkunst findet sich hier an zwei Tagen das größte Angebot an Original Lauschaer Christbaumschmuck und Glaskunst außerhalb Thüringens.

Schlossadvent Fachsenfeld

Beim Adventsmarkt am Schloss Fachsenfeld verzichtet man bewusst auf die Auswüchse kommerziell geprägter Weihnachtsmärkte.

Verkaufsbuden und Stände sucht man hier vergebens. Stattdessen erleben die Besucher vorweihnachtliche Stimmung pur.

„Im Rhythmus der Lebensmelodie“

Rituale sind seit Menschengedenken ein fester Bestandteil aller Kulturen weltweit, die Regeln sind eindeutig, Zeitpunkt und Symbole den Teilnehmern meistens bekannt. Von Generation zu Generation weitergegeben werden mit ihnen Traditionen bewahrt.

In vielen Ritualen wird die Sehnsucht nach Zusammengehörigkeit, nach Einigkeit deutlich. Sie machen das Unfassbare fassbarer, vermitteln Erkenntnis und manchmal Verständnis für Unbegreifliches. Im Ritual erinnert sich eine Gesellschaft an ihre Herkunft, an ihre Geschichte. Rituale trösten.
Sie geben den Menschen Kraft, Halt und Sicherheit. Sie bieten selbst dann noch Orientierung, wenn die Welt dem Untergang geweiht zu sein scheint, wenn die Frage nach dem Sinn existenziell wird.

In der ständigen Wiederholung des immer gleichen Ablaufs, der immer gleichen Handlungen, Silben und Gesten erinnern sie uns: Egal was passiert, die Welt wird fortbestehen.

Ob heidnischen Ursprungs oder religiöser Herkunft, ob heilige Reliquie, Mittsommernacht oder die Wiederholung schräger Töne zur Faschingszeit: Rituale sind lebendig gebliebene Erinnerungen. Sie sind die kulturellen Stützen des kollektiven Gedächtnisses, sie sorgen dafür, dass wir nicht vergessen.

Bernhardusfest

Ob Wallfahrten, Pilgerreisen oder Prozessionen – ob Rom, Lourdes oder Mekka – die Gläubigen der Welt machen sich zu Fuss, mit dem Schiff oder auf dem Rücken der Pferde auf den Weg.

Ihre Motivation ist so vielfach wie ihre Ziele: Ihr Weg führt sie an Orte, an denen einst Wunder geschehen sein sollen, Heilige lebten oder die sterblichen Überreste außergewöhnlicher Menschen aufgebahrt wurden.

Alljährlich am 20. August pilgern Tausende gläubige Menschen zum Wallfahrtsgottesdienst auf den Bernhardusberg nach Gmünd-Weiler und gedenken des Heiligen Bernhard von Clairvaux. Der Schutzpatron der Imker und Wachszieher gilt als einer der bedeutendsten Mönche des Zisterzienserordens.

Ursprung der Blut-Reliquie

Ein römischer Soldat namens Longinus soll der Legende nach Jesus am Kreuze die Seite mit einem Speer geöffnet haben. Nachdem er mit der Wundflüssigkeit in Berührung gekommen war, erkannte er in dem Gekreuzigten Gottes Sohn. Longinus sammelte daraufhin Teile des mit Erde vermischten Blutes, bekannte sich zum Christentum und floh nach Mantua, wo er die Blut-Reliquie schließlich vergrub.

Wahrer Reliquienkult

dient nicht dem Gegenstand an sich, sondern ausschließlich der Heiligenverehrung, so die Lehre der katholischen Kirche. Besonders deutlich wird dies alljährlich am Pfingstmontag in der Reiterprozession in Neuler-Schwenningen.

Der von Tausenden Zuschauern begleitete Blutritt ist ein beeindruckendes Glaubensbekenntnis der Menschen dieser Region. Die Reiterwallfahrt mit weit über 200 Reitern und Pferden beginnt mit einer Messe und führt anschließend von Neuler über Adlersteige, Lindenhof, Schleifhäusle wieder zurück nach Schwenningen. Mit der Reitersegnung endet der Blutritt.

Der Ursprung des Blutritts

in Neuler-Schwenningen ist nicht eindeutig geklärt. Mündliche Überlieferungen besagen, dass die Schwenninger im Dreißigjährigen Krieg von einer Pferdeseuche verschont blieben und aus Dank gelobten, alljährlich einen Blutritt zu veranstalten. Die bereits im 17. Jahrhundert stattfindenden Prozessionen beziehen sich zwar auf das Blut Christi, mit einer konkreten Blut-Reliquie können sie allerdings nicht in Verbindung gebracht werden.

Pfarrer Alfons Riek (1881-1959) schreibt darüber in einem Aufsatz:

„Das Gotteshaus, das für den kleinen Weiler eine stattliche Größe aufweist, erhielt seine hl. Weihe durch den Weihbischof Johannes von Augsburg am 25. Oktober 1497 zu Ehren des Erlösers und seines kostbaren Blutes. (…) Den Glanzpunkt der Patroziniumsfeier bildete der Blutritt um das Äußere der Wallfahrtskirche."

Patriziusritt Hohenstadt

Am 17. März verwandelt sich alljährlich ein Teil der Welt in ein grünes Farbenmeer. Iren und irische Emigranten feiern an diesem Tag ihren Nationalheiligen St. Patrick.

Mit prächtigen Paraden und Gottesdiensten gedenken sie des ersten Missionars auf irischem Boden, der die einst als heidnisch geltende Insel grundlegend verwandelte. Für manche gilt sie seither als Insel der Heiligen.

In Hohenstadt gedenkt man des Hl. Patrizius mit einer Reiterprozession. Das Patriziusfest beginnt am ersten Sonntag nach dem 17. März mit einem Gottesdienst.

Die Prozession endet auf dem Hohenstadter Marktplatz, wo die abschließende Reitersegnung stattfindet.

Gugge

Im Alemannischen bezeichnete man mit der „Gugge" eine Tüte – im Schwäbischen heute noch als Guggê/Guggl/Gschdaddl/Guck verbreitet. Im Schweizerdeutsch steht der Begriff für alle Arten von schlecht klingenden Blechblasinstrumenten. Seine erste Erwähnung fand der Begriff „Guggenmusik" vermutlich in der Baseler Gegend. Das Wort erscheint erstmals 1906 im Verzeichnis der Fastnachtszüge in Basel.

Ursprung und Tradition

Im Alemannischen zog man bereits im 16. Jahrhundert mit Rasseln, Blecheimern, Trommeln, Kuhglocken oder Pfeifen umher, um Schnee und Frost zu vertreiben. Dazu sollte die Musik entsprechend schräg sein, laut und jämmerlich. Verkleidet mit Masken, Kostümen, Tüchern und alten Lumpen sollte den Geistern des Winters endgültig der Garaus gemacht werden.

Womöglich liegt hier der Ursprung der Guggenmusik, die heute fester Bestandteil der schwäbisch-alemannischen Fastnacht ist.

Mekka der Guggenmusik – Schwäbisch Gmünd

Einmal im Jahr zur Fasnetszeit wird der herrschenden Ordnung organisiertes Chaos entgegengesetzt. In Schwäbisch Gmünd hat dieses Chaos seit über zwanzig Jahren einen Namen: *„Guggenmusik"*.

Der Initiative einiger enthusiastischer Guggen und dem damaligen Gmünder Oberbürgermeister Dr. Schoch ist es zu verdanken, dass 1984 das erste Guggenmusikfestival in Schwäbisch Gmünd stattfinden konnte.

Seither hat sich das Festival zum größten „Internationalen Guggenmusiktreffen" der Welt entwickelt.

Bis zu 50.000 Besucher verfolgen inzwischen jedes Jahr das Spektakel der bis zu neunhundert teilnehmenden Guggenmusiker.

Oschtalb Ruassgugga, Gmend'r Gassafetza, Goschtibärgbrätscher oder Waldstätter Lachabatscher: Mit reichlich lautem Blechgebläse, abgesägten Posaunen, Ofenrohr-Sousaphonen und Trommeln aller Art – allesamt sehr lärmwirksame Guggeninstrumente – gibt es zwei Tage lang ordentlich was auf die Ohren.

Ob Tschätter-, Schrägton-, Lärm- oder Katzenmusik:
Im prunkvoll gestalteten Häs und mit schmetterndem Getöse ziehen die Guggenkapellen in einem synchronisierten Getümmel durch die Stadt.

Pennäler Schnitzelbank

Nein, nicht der Ku-Klux-Klan verbreitet hier Furcht und Schrecken. Gleichwohl furchteinflößend kommt die schwarze Schar bei Einbruch der Nacht daher. Begleitet von Trommelwirbeln durchqueren sie mit ihren schwarzen Masken und lodernden Fackeln die Stadt: die Gestalten der Pennäler Schnitzelbank treiben mal wieder ihr Unwesen.

Aber nochmals nein: mit der Schnitzelbank wird kein platt gehauenes und paniertes Stück Fleisch serviert und auf ihr schon gar kein Schwein geschlachtet – obwohl: wenn die Pennäler ihre scharfzüngigen Verse in der Tradition der Bänkelsänger vortragen und in ihnen die Schwächen und Verfehlungen oftmals bekannter Bürger der Stadt laut und deutlich zu Gehör bringen, dann könnte so manch einem schon mal das Bild vom sezierten Borstenvieh in den Sinn kommen.

Dem Ursprung nach stammt der Begriff „Schnitzelbank“ aus der Tradition der alemannischen Fastnacht und meint die Form des Vortrages.

Seit über einhundert Jahren, alljährlich am Fastnachtssonntag, brennen sich die Pennäler scharfzüngig und gnadenlos ein in die Köpfe der Menschen. Verschont wird niemand, keiner kann sich jemals sicher fühlen vor den geistreich und witzig vorgetragenen Reimen der Pennäler. Die „Goldene Sau“ wird abschließend als Orden an Narren verliehen, die ihn – in den Augen der verschworenen, schwarz vermummten Gemeinschaft – verdient haben. Wer sich unter den Dominos verbirgt, bleibt ein gut gehütetes Geheimnis.

Osterbrunnen Schechingen

„Wo eine Quelle entspringt oder ein Wasser fließt, dort sollen wir Altäre errichten und Opfer darbringen."

Lucius Annaeus Seneca, römischer Staatsmann, Naturforscher und Philosoph (um 1-65 n. Chr.)

Wasser bedeutet Leben

Mag das Schmücken von Brunnen und Quellen nun in heidnischer oder christlicher Tradition stehen, als Hauptgrund ist vor allem die Bedeutung des Wassers als lebensspendendes Element zu sehen.

Bevor die heute so selbstverständliche zentrale Wasserversorgung möglich wurde, legten die Menschen Brunnen und Zisternen an, um einer möglichen Wasserarmut vorzubeugen.

Ganz selbstverständlich pflegte man die Brunnen in Gemeinschaftsarbeit und reinigte sie im Frühjahr vom Schmutz des Winters.

Mancherorts errichteten die Bewohner Brunnenhäuser, um ihre Quellen zu schützen.

Den Brauch der Osterbrunnen findet man heute von der Schweiz bis in die Lüneburger Heide.

Beeindruckendes Engagement Schechinger Bürger

Jahr für Jahr werden für den Osterbrunnen in Schechingen etwa 7000 echte Hühner-, Tauben-, Gänse- und Straußeneier gesammelt und in sorgsamer Feinarbeit bemalt.

An etwa dreißig Nachmittagen im Jahr gestalten zwanzig Malerinnen und Maler, Kinder der Grundschule und der Kindergärten sowie hunderte von Helfern den österlichen Schmuck.

Die Maldauer pro Ei liegt zwischen fünfundvierzig Minuten und mehreren Stunden. Für das Gerüst über dem Brunnen am Marktplatz werden inzwischen etwa einhundert Meter Metallgestänge benötigt.

Der Maibaum – eine umstrittene Tradition

Der Maibaum musste im Verlauf seiner Existenz schon für mannigfaltige Projektionen herhalten.

Im Verlauf der Jahrhunderte diente er als Symbol für Freiheit, Frühling, Wachstum, Aufbruch, Fruchtbarkeit ... was selbstverständlich die Kirche auf den Plan rief, die diesen Kult prompt verbieten wollte.

Da dies nicht gelang vereinnahmte man den traditionellen Brauch, machte den Maibaum zum Sinnbild göttlicher Kraft – und konnte die alte heidnische Symbolik doch nicht aus den Köpfen der Menschen vertreiben. Auch irdische Kräfte wetterten gegen diese uralte Tradition. Der „Naturwissenschaftliche Verein für Schwaben" schrieb 1864 in einem Bericht:

„ ... *Gegen das Errichten der Maibäume wurde schon mannigfach geeifert, mit Prügel und Gefängnis dagegen eingeschritten, allein die Sitte erhielt sich und König Ludwig I., alte Sitten und Gebräuche ehrend, gab selbst die Erlaubnis hiezu.*

Der fortschreitende Indifferentismus unserer Zeit gegen alte Sitten und Gebräuche jedoch scheint größere Gewalt auf deren Ausrottung auszuüben, als frühere Strafen, indem auch der Maibaum eine immer seltenere Erscheinung wird. ..."

Allen Verboten zum Trotz lebt die gute, alte Tradition weiter. Gleichwohl bleibt dieser symbolträchtige Baum ein umstrittenes Objekt: wo es irgendwie möglich ist wird er von der Konkurrenz gestohlen oder abgesägt. Auch eine alte Tradition. Ob sie gut ist, sei dahingestellt.

In Heuchlingen, der „Perle des Leintals“, stellt die Freiwillige Feuerwehr Jahr für Jahr am Vorabend des 1. Mai den Maibaum auf.

Sonnwendfeuer – von Dichtern und Dämonen

Nach uralter Tradition wird das Sonnwendfeuer – heute auch Johannisfeuer genannt – während einer Sommersonnwendfeier oder einem Mittsommerfest entzündet.

Dem Volksglauben nach sollte es böse Dämonen, Krankheiten und Viehschaden abwenden. Der wohl bekannteste Ort in Europa, an dem der „längste Tag“ des Jahres rituell gefeiert wird, dürfte der mystische Steinkreis Stonehenge nördlich von Salisbury in England sein.

Ob William Shakespeare Stonehenge kannte, ist nicht verbrieft. Gleichwohl nahm er zwischen 1594 und 1595 den „längsten Tag des Jahres“ zum Anlass, seine Zuschauer in eine zauberhafte Welt mit Feen, Kobolden und Elfen zu entführen. In seinem wohl erfolgreichsten Stück *„A Midsummer Night's Dream“* geht es natürlich um Liebe und Intrige. Im Zentrum der Geschichte steht eine Hochzeitsfeier, abgehalten in einer lauen Sonnwendnacht.

Drumherum kommt es zu allerlei magischen Begegnungen: zur Verwirrung der Geister, der Sonnenwendtollheit.
Am Ende aber wird auch bei Shakespeare mit einem Segen alles gut.

In Frickenhofen und vielen anderen Orten der Ostalb begegnet man in dieser Nacht vor allem friedlichen, freundlichen Menschen, die, wie jedes Jahr von der Freiwilligen Feuerwehr des Ortes organisiert, den längsten Tag des Jahres rund um das Johannisfeuer feiern.

Festival Europäische Kirchenmusik

Einen Sommerabend während des Europäischen Kirchenmusikfestivals in einer der eindrucksvollen, aus acht Jahrhunderten stammenden Kirchen Schwäbisch Gmünds erleben zu dürfen, ist ein ganz besonderes Ereignis.

Wenn hochkarätige Sänger, Chöre, Musiker und Dirigenten aus aller Welt spirituell motivierte Harmonien großer Komponisten anstimmen, wenn der Raum vom ersten Ton an von tiefem Glauben und Hingabe erfüllt ist, wenn mit der Musik nichts als Frieden einkehrt in die Seelen der Zuhörer – dann wird dieser Moment zu einem unvergesslichen künstlerischen und spirituellen Erlebnis.

Die geistliche Musik vom Mittelalter bis zur Gegenwart, von der Gregorianik über Händel und Bach bis zu Avo Pärt scheint an diesen Sommerabenden und in diesen Kirchenbauten ihre Heimat, ihre Bestimmung gefunden zu haben.

Gegründet 1989, gehört das Festival Europäische Kirchenmusik Schwäbisch Gmünd zu den führenden Festivals geistlicher Musik in Europa.

Jedes Jahr strömen etwa 15.000 Besucher in die Stauferstadt, um Künstler auf höchstem Niveau zu erleben.

Neben einem Preis für Orgelimprovisation und einem Preis für Komposition werden mit dem Preis für Europäische Kirchenmusik hochrangige Interpreten und Komponisten für herausragende Leistungen auf dem Gebiet der geistlichen Musik geehrt.

„Traditionelle Feste"

Eine Grundbedingung der Tradition ist ihre Beständigkeit. Zuverlässig spiegelt sie in einem wiederkehrenden Rhythmus regionale Sitten und Gebräuche wider.

Dabei kommt die Tradition in ihrer Form so unterschiedlich daher wie ihr Ursprung. Mal entstammt sie einem religiösen Glauben, mal einem bestimmten historischen Ereignis, nicht selten hat sie heidnische Wurzeln oder ihre Herkunft ist in einer Mythologie begründet, oft in Verbindung mit einer Jahreszeit.

Viele hiesige Traditionen haben ihr heutiges Erscheinungsbild erst durch die christliche Kirche erhalten, manche sind noch recht jung und nur einer kleinen Gruppe bekannt – allen Traditionen aber ist eins gemeinsam:

Erst durch die Hingabe engagierter Menschen bleibt ihre Beständigkeit gewahrt. Diese Menschen sorgen dafür, dass Traditionen von Generation zu Generation weitergegeben werden und somit lebendig bleiben.

Von Römern, Rittern und Rössern

Von Gaius Julius Caesar über Marcus Vipsanius Agrippa bis hin zu Tiberius Caesar Augustus: klingende Namen, große Feldherren, glorreiche Siege.
Nur mit den Germanen hatten sie alle ihre liebe Not.

Die größte Niederlage erlitt sicher Publius Quinctilius Varus in der nach ihm benannten Schlacht. Ein Ende der Kriege aber war auch danach noch lange nicht in Sicht.

Etwa achtzig Jahre später stellt der römische Geschichtsschreiber Publius Cornelius Tacitus etwas sarkastisch fest: *„Seit 210 Jahren wird nun schon Germanien besiegt!"* und beklagt in seinem Werk *„Germania"* die vielen Verluste auf beiden Seiten. Viele seiner Zeitgenossen stimmten ihm zu und forderten eine baldige Lösung des Problems. Man könnte auch etwas salopp sagen: Die Römer waren es leid. Und wenn man es leid ist mit einem Nachbarn, der sich partout nicht unterwerfen will, dann baut man eben einen Zaun, damit endlich Ruhe herrscht.

In diesem Fall bauten die Römer einen 550 km langen Wall aus Holz und Stein, den Limes. Ein Bauwerk, das nach der Chinesischen Mauer das zweitgrößte seiner Art ist.

Vor ca. 1800 Jahren stationierten römische Feldherren eine Reitereinheit nördlich der Alpen in der Nähe des heutigen Aalen. Sie sollte entlang des Limes patrouillieren, einfallende Germanen abwehren und den Schmuggel mit Waren unterbinden, was ihnen mehr oder weniger erfolgreich gelang.

Heute fallen alle zwei Jahre römische Händler, Handwerker und Tänzerinnen in Aalen ein, begleitet von Legionären, Zenturionen und mutigen Gladiatoren:

Die Aalener Römertage am UNESCO Weltkulturerbe Limes haben sich zu einem wahren Publikumsmagneten entwickelt. Wenn die Zeit der Caesaren wieder zum Leben erweckt wird, verfolgen über zehntausend Zuschauer auf dem Gelände des Limesmuseums dieses Geschehen.

Heimat

Heimat ist mehr als ein Gefühl
Heimat ist manchmal ein Klischee
Heimat ist sicher keine Ideologie
Heimat ist dort, wo das Herz zu Hause, wo die Liebe ist
Heimat ist, sich heimisch fühlen im Dialekt,
in der Sprache, der Landschaft;
Heimat, da kennt der Mensch sich aus
mit den Untiefen von Flüssen und Seen
Heimat, da kennt der Mensch sich aus
mit den Eigenarten der Bewohner
Heimat ist ein Land, ein Ort, ein Haus
Heimat, das sind Erinnerungen an Lieder, Bilder und Gerüche
Heimat ist Sehnsucht und Vergangenheit
Heimat, das sind bekannte Geschichten und Gesichter
Heimat ist Hoffnung und manchmal Leid
Heimat ist Geborgenheit
und manchmal ist Heimat anderswo.

Ein historisches Spektakel

Böllerschüsse donnern und krachen. In der ehemaligen Reichsstadt Bopfingen erwacht der Krämermarkt im mittelalterlichen Gewand. Und es erscheint: das Volk. Marktschreier, spielende Kinder, schwatzende Frauen und Männer, gekleidet in historische Kostüme und Uniformen, bewaffnet manchmal mit Vorderladern, die einst den Bewohnern der Stadt Respekt einflößten und ihren Trägern dazu verhalfen, die königliche Ordnung aufrecht zu erhalten.

Dudelsäcke und Schellenkränze erklingen, Trommelwirbel dröhnen durch die Gassen der Stadt, Met wird eingeschenkt und wohlriechende Düfte machen den zahlreichen Marktbesuchern Lust auf mehr.

Jahr für Jahr

erinnern Städte wie Bopfingen und Jagstzell (alle vier Jahre) mit einem Fest an fast vergessene Traditionen. Mittelalterlich gekleidete Handwerkerinnen backen Brot wie vor Hunderten von Jahren, flechten Körbe und feilschen, tauschen und bieten den Flaneuren ihre Waren zum Kauf. Ketten und Waffen werden in der Glut geschmiedet, um Landsknechten und Rittern zu dienen bei ihren Kämpfen um Ruhm und Ehre, während Feuerschlucker, Musiker, Gaukler und Marionettenspieler für friedlichere Kurzweil sorgen auf diesem traditionellen Fest für das Volk.

Zu Gast im Schloss

Bei den Ellwanger Heimattagen sind die Besucher während eines Wochenendes willkommene Gäste im fürstlichen Schloss.

Gebratener Ochse am Spieß garantiert kulinarische Genüsse und Männer der fürstlichen Garde bieten beste Unterhaltung in adligem Ambiente.

Fuhrmannstreffen am Rande des Himmels

Während der Viehfeiertag in Göggingen immerhin auf eine über 300 Jahre alte Tradition verweisen kann – alljährlich wird an einem Donnerstag in der Lucienwoche an eine schreckliche Viehseuche um 1680 erinnert – blickt der Rosstag in Bartholomä auf eine noch recht junge Tradition zurück.

Gleichwohl wird auch hier auf alte Gebräuche verwiesen und den Menschen, die über Hunderte von Jahren mit Pferd und Wagen den beschwerlichen Albaufstieg bewältigten, ein Denkmal gesetzt.

Im Mittelpunkt dieses Gedenktages stehen prachtvoll geschmückte Pferde und schön gestaltete Fuhrwagen, die Tausenden von begeisterten Zuschauern in einem Umzug vorgeführt werden.

Kartoffelern

Dorfmerkinger Marktplatzfest mit Hammellauf

Zur rechten Zeit am rechten Ort zu sein, hat schon manchem viel Gutes eingebracht.

Beim Dorfmerkinger Hammellauf dürfen sich diejenigen, die im Moment des Weckerklingelns den Balken berühren oder ihm am nächsten sind, als stolze Besitzer eines Hammels fühlen. Mitmachen ist Ehrensache. Das Startgeld wird immerhin für einen karitativen Zweck verwendet.

Wenn man nur herausfinden könnte, wann der Wecker klingelt? Dann könnte man dem Schicksal vielleicht ein bisschen nachhelfen und der Hammel wäre einem ziemlich sicher.

Wann es aber endlich so weit ist, das gilt an diesem Tag beim Dorfmerkinger Marktplatzfest als bestgehütetes Geheimnis.

19
2

10. April 1815:

Der „Tambora", ein Vulkan auf der indonesischen Insel Sumbawa, explodiert und schleudert etwa 150 Kubikkilometer Asche, Magma und Gesteinstrümmer in die Luft. Das Donnern der Explosion hört man noch in 1500 km Entfernung. Zwei Wochen lang tobt der Vulkan und begräbt einen Großteil der Insel Sumbawa unter einer 1,5 Meter hohen Ascheschicht. Die Folgen sind dramatisch: Etwa 12.000 Menschen fallen den Ausbrüchen direkt zum Opfer, bis zu 80.000 Menschen sterben durch die darauffolgenden Hungersnöte und Seuchen.

Sommer 1816:

König Wilhelm I. von Württemberg tritt ein schweres Erbe an. Die Menschen haben sich noch nicht von den Folgen der napoleonischen Kriege erholt, da trifft sie der nächste Schicksalsschlag: Die klimatischen Auswirkungen des Vulkanausbruchs machen sich in weiten Teilen Westeuropas bemerkbar. Es wird ein Jahr ohne Sommer.

Die daraus resultierenden Missernten führen zu einer ungeheuerlichen Hungersnot, von der auch die Menschen im Königreich Württemberg nicht verschont bleiben.

Tausende Menschen verlassen das Land und wandern aus, in der Hoffnung, der bitteren Not zu entkommen.

Zahlreiche Gschwender Bauern und Bürger gedenken der schrecklichen Hungersnot von 1816 alljährlich mit einer besonderen Form des Erntedanks: Zu Beginn der Erntezeit, meistens am ersten Augustwochenende, begleiten Konfirmanden mit selbst gebundenen Garben und kleine Mädchen mit traditionell selbstgebundenen Blumenkränzen einen prunkvoll geschmückten Garbenwagen bis zur Kirche am Marktplatz. Nach einem kurzen Gottesdienst klingt das Fest mit einer Hocketse aus.

Neujahrswunsch 1817

Wer redlich hält zu seinem Volke,
Der wünsch' ihm ein gesegnet Jahr!
Vor Mißwachs, Frost und Hagelwolke
Behüt' uns aller Engel Schar!

Und mit dem bang ersehnten Korne,
Und mit dem lang entbehrten Wein,
Bring' uns dies Jahr in seinem Horne
Das alte, gute Recht herein!

Man kann in Wünschen sich vergessen,
Man wünschet leicht zum Überfluß,
Wir aber wünschen nicht vermessen,
Wir wünschen, was man wünschen muß.

Denn soll der Mensch im Leibe leben,
So brauchet er sein täglich Brot,
Und soll er sich zum Geist erheben,
So ist ihm seine Freiheit not.

Ludwig Uhland

Ein Meilenstein im Leben eines Schwaben

Während auf den großen und kleinen Bühnen der Welt vorwiegend junge Stars gefeiert werden, beginnt für die Schwaben die ruhmreichste Zeit erst, wenn sie für viele andere bereits vorbei ist.

Mit dem 40. Geburtstag wird der Schwabe zwar nicht zwangsläufig berühmt, aber immerhin nach eigener Auffassung „gscheit“, und das ist speziell dem Gmünder Bürger seit rund 150 Jahren Anlass genug, seine runden Geburtstage fortan öffentlich zu feiern – und zwar möglichst gemeinsam mit Menschen des gleichen Jahrganges.

Elegant gekleidet die Damen, Zylinder tragend und im schwarzen Frack die Herren, flanieren die Jubilare über den Marktplatz der Stadt und lassen sich von Tausenden Menschen begeistert feiern. So betrachtet dürften die Jahrgangsfeste in Schwäbisch Gmünd in ihrem Ausmaß und Umfang ebenso einzigartig sein wie die Anzahl der Altersgenossenvereine, die zu diesem Zweck jedes Jahr eigens gegründet werden. Beispielhaft hier ein Auszug aus der Satzung des „agv 1952“:

„Der AGV 1952 bezweckt den gesellschaftlichen Zusammenschluss der Angehörigen des Jahrgangs 1952 mittels gemeinsam durchgeführter Veranstaltungen. (...) Wesentlicher Zweck ist die Durchführung der alle 10 Jahre stattfindenden Jahrgangsfeste, beginnend im Jahre 1992 mit dem 40er Fest.“

„Kunst ist schön, macht aber viel Arbeit."

Karl Valentin

Schloss Kapfenburg:

Bereits in ihrem Namen vereinen sich Geschichte und Gegenwart. Zieht man das Mittelhochdeutsche Handwörterbuch von Matthias Lexer (1830 – 1892) hinzu, scheint ihre heutige Bestimmung bereits vor bald eintausend Jahren mit der Namensgebung festgelegt worden zu sein:

Kapfen,
(...) kaphen (...) gaffen (...) schauen, bes. verwundert schauen, gaffen. dô wart gekaphet uber al (...) vîntlîchen sî kaphten (...) kaffende rîten (...)

kaphen
stn. kaffen (...) gaffen s. unter (...) giffen.

kapfunge
stf. spectaculum, speculatio (...)

kapfe-spil
(...) schauspiel (...) md. kaffe-, kafspil (...)

Licht, Klang, Wort und Feuerspiel

In Zusammenarbeit mit der „Internationalen Musikschulakademie" locken hochkarätige Stars alljährlich Tausende Besucher zum Festival Schloss Kapfenburg. Stimmgewaltige Poeten, Schauspieler, Sänger und meisterhafte Instrumentalisten bringen für ein paar Tage Musik von Klassik bis Jazz und allerlei Schauspiel zum ‚Kapfen' – zum Gaffen – auf die Bühnen der Burg.

Ein Ort im Land der Ideen

Seit ihrer Gründung im Oktober 1999 nutzt die „Internationale Musikschulakademie Kulturzentrum Schloss Kapfenburg" die Gebäude und leistet vorbildliche musikalische Nachwuchsarbeit auf internationaler Ebene.

2007 wurde sie zu einem der „365 Orte im Land der Ideen" gekürt, einer Initiative unter der Schirmherrschaft des damaligen Bundespräsidenten Horst Köhler.

Von der Wehrburg zum Wohnschloss

Kelten und Römer waren die Ersten, die von dieser Bergkuppe am östlichen Rand der Schwäbischen Alb Ausschau hielten und womöglich zur Namensgebung beitrugen. Die erstmals im zwölften Jahrhundert erwähnte Burg wurde immer wieder angegriffen, zerstört wurde sie nie. Fürsten, Grafen und Ordensritter verteidigten die Kapfenburg stets erfolgreich und bauten sie bis in das 18. Jahrhundert hinein zu einem ansehnlichen Wohnschloss aus.

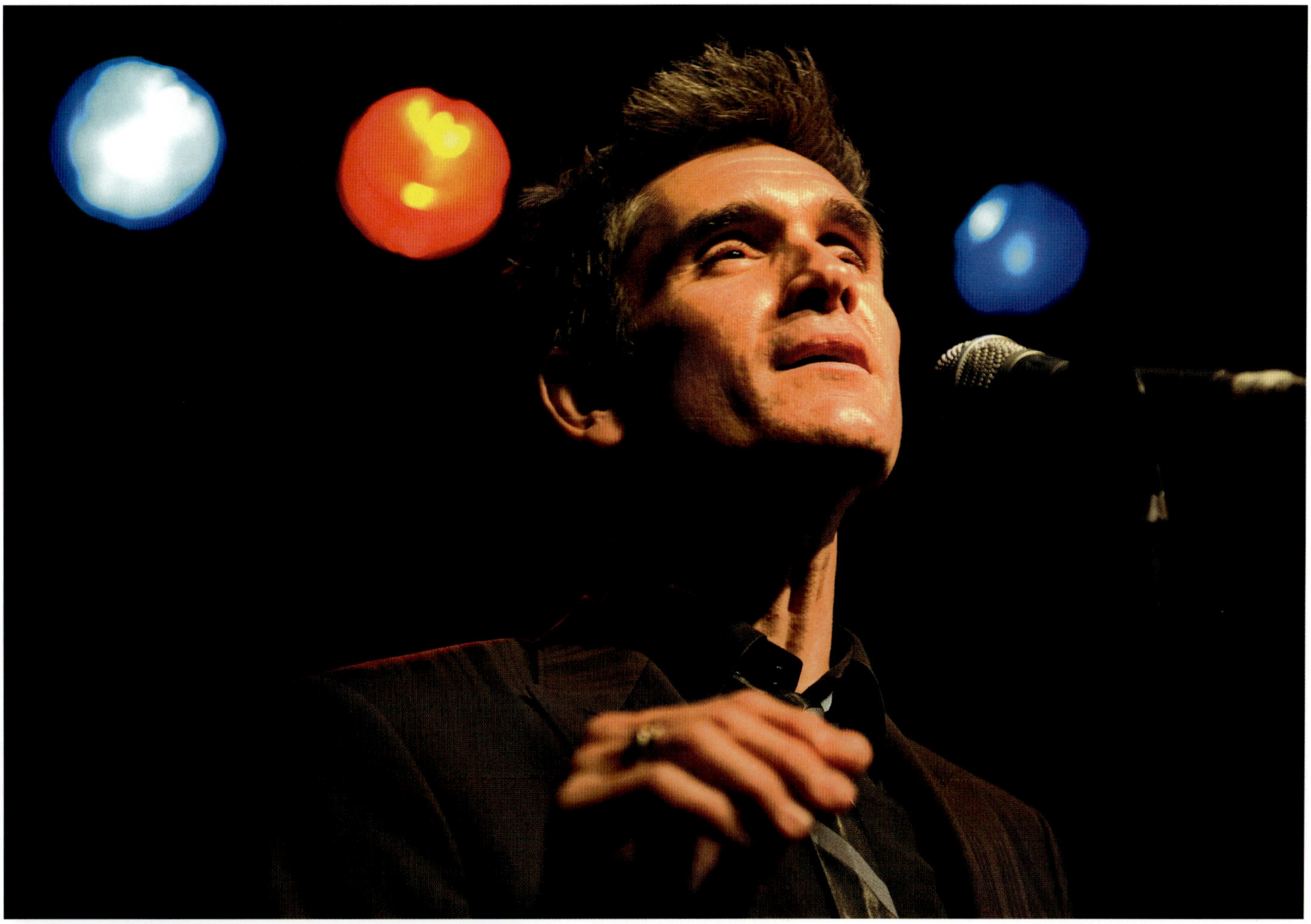

Aalener Jazzfest

Weniger gegafft, dafür mehr zugehört wird beim Aalener Jazzfest. Und das am besten mit Bauch und Füßen und nicht mit dem Verstand. Denn, so soll der 1932 verstorbene amerikanische Marschmusikkomponist und Sousaphon-Erfinder John Philip Sousa sinngemäß gesagt haben, das Hören mit den Füßen sei die Grundbedingung für die dauerhafte Existenz des Jazz.

Dafür braucht man aber auch engagierte Menschen, die etwas anpacken, die dem Jazz eine Bühne geben, die Musiker und Publikum zusammenbringen. Der Kulturinitiative „kunterbunt e.V." gelingt es seit 20 Jahren, exzellente Jazzmusiker aus den Metropolen der Welt auf die Bühne nach Aalen zu holen.

Und die Meister der Improvisation kommen gerne, sehr gerne.

„Was immer ich spiele,
in meinem Kopf
höre ich auch unaufhörlich
die Tradition mitsummen."
Arthur Blythe

D-OABE

D-OHKW
UTZ GRUPPE
SCHUBERT
PACKUNGSMASCHINEN

Eine Hymne an alles, was fliegt

Der Gleitflug eines Vogels war für den Meister der Beobachtung und gleichwohl prophetischen wie genialen Tüftler Leonardo da Vinci Vorbild für seine Vision vom Fliegen.

Er war einer der Ersten, der eine konkrete Vorstellung davon hatte, wie es dem Menschen eines Tages wohl möglich sein würde, die Lüfte zu erobern.

Bis zur ersten Ballonfahrt sollten aber noch etwa dreihundert Jahre vergehen und weitere einhundert Jahre, bis Otto Lilienthal den ersten menschlichen Gleitflug absolvierte.

LY-JJJ

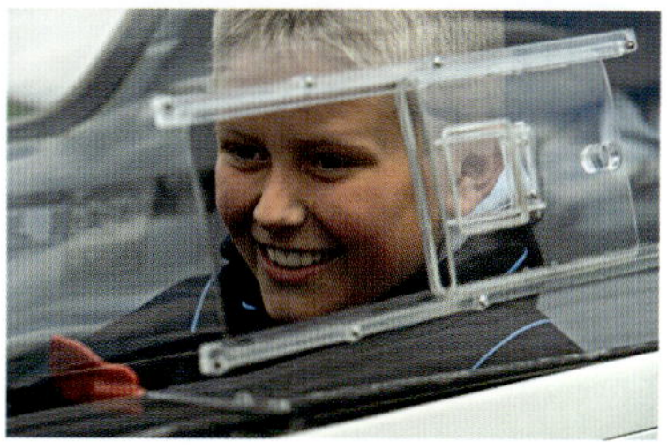

Hallenfest Hornberg

Lautlos am Himmel gleiten, lediglich Luftströme und Aufwinde nutzend:
In einem Segelflugzeug kommt man der uralten Sehnsucht, dem Traum vom Fliegen, wohl am nächsten.
Zu den ältesten und traditionsreichsten Flugplätzen in ganz Deutschland gehört das Segelfluggelände Hornberg.

Vom Urvogel bis zum fliegenden Krebs

Beim Aalener Drachenfest wartet man vergebens auf feuerspuckende Monster. Stattdessen erobern Giraffen, Kugelfische oder überdimensionale Krebse friedlich eine für diese Spezies ungewohnte Dimension.

Herrscher über diese Wesen ist eine Gemeinschaft, die weit über die Grenzen der Ostalb hinaus reicht und sich hier ihren ganz speziellen Traum vom Fliegen erfüllt.

Achtsam lassen sie ihre freundlichen, phantasievoll und farbenfroh gestalteten Gebilde Meter für Meter sanft gen Himmel gleiten, immer darauf bedacht, dass es ihren Geschöpfen nicht ergeht wie einst Ikarus. Auf seinem Flug kam er der Sonne zu nahe und stürzte ab.

153

Härtsfeld-Museumsbahn

Die Eröffnung der Bahnstrecke zwischen Nürnberg und Fürth am 7. Dezember 1835 gilt offiziell als Geburtsstunde der deutschen Eisenbahn.

Sechsundsechzig Jahre später, am 30. Oktober 1901, wird der erste Gleisabschnitt von Aalen nach Ballmertshofen freigegeben und damit die Grundlage für eine der eindrucksvollsten Bahnlinien Deutschlands geschaffen – die Härtsfeldbahn.

„Schättere“

Siebzig Jahre lang rattert und knattert, schnaubt, dampft, pfeift, faucht, zischt und quietscht, ruckelt und zuckelt die „Schättere“, wie sie liebevoll von der Bevölkerung genannt wird, auf der 55 Kilometer langen Strecke von Aalen über Neresheim bis ins bayrische Dillingen.

Auf ihren zahlreichen Reisen durch eine malerische Landschaft dient sie sowohl dem Güter- als auch dem Personenverkehr. Nachdem 1963 die letzte Dampflokomotive den Bahnhof in Aalen verlässt, wird die Strecke 1972 zum Entsetzen zahlreicher Bahnliebhaber endgültig stillgelegt und bis 1976 komplett abgebaut.

Im Januar 1985 gründen einige engagierte Menschen den Verein „Härtsfeld-Museumsbahn e.V.“.

Ihrem Engagement ist es zu verdanken, dass die „Schättere“ heute wieder auf einem Teilstück zwischen Neresheim und Sägmühle verkehrt.

12
W. N.

Die Strecke der Härtsfeld-Museumsbahn:

Seit 2001 kann man sich bei einer Fahrt mit einer der liebevoll restaurierten Dampflokomotiven der Härtsfeld-Museumsbahn für einige Momente in die gute alte Zeit zurückversetzen lassen und ein Stück wiederbelebte Eisenbahnromantik genießen.

Die Museumsstrecke beginnt beim Bahnhof Neresheim und führt über den Haltepunkt Steinmühle und die Egaubrücke zur ehemaligen Station Härtsfeldwerk.

Im Bahnhof Sägmühle bei km 2,865 – der ehemaligen Holzverladestation – ist das vorläufige Ende des Fahrbetriebs erreicht.

Lanz-Bulldog und Dampf-Festival

„Wat is en Dampfmaschin? Da stelle mer uns jans dumm ...“

... und besuchen das Lanz-Bulldog-Festival in Seifertshofen.

Dort bekommt man garantiert eine Antwort auf die Kult gewordene Frage des Lehrers Bömmel aus der „Feuerzangenbowle“.

Im Schwäbischen „Bauern- und Technikmuseum“ erfährt man, dass es um weit mehr geht als um *„ene jroße schwarze Raum, der (...) hinten un vorne e Loch“* hat.

Schauköhlerei

Wer sich heute mit Holzkohle beschäftigt, hat vor allem eins im Sinn: bei angenehmen Temperaturen in geselliger Runde auf einem Grill diverse Leckereien schmackhaft zuzubereiten. Wie die hierfür verwendete Holzkohle entsteht und dass es sich dabei um ein ziemlich einsames und aufwändiges Handwerk handelt, das kann man sehr anschaulich in der Schauköhlerei im Naturschutzgebiet „Zwing“ bei Neresheim erleben.

„Die älteste Methode der Holzkohlengewinnung (Kohlenbrennerei) ist der aus dem Altertum stammende Meilerbetrieb (Köhlerei), bei welchem das Holz in annähernd halbkugel- oder kegelförmigen Haufen (Meilern) in großen Scheiten regelmäßig (und zwar stehend oder liegend) um drei in der Mitte errichtete Pfähle (Quandel) aufgesetzt und mit einer Decke von Rasen, Erde und Kohlenklein bedeckt wird. Unter dieser Decke leitet man die Verbrennung bei sorgsam geregeltem Luftzutritt in der Weise, daß womöglich nicht mehr Holz verbrennt, als durchaus erforderlich ist, um die gesamte Holzmasse auf die Verkohlungstemperatur zu erhitzen. Im wesentlichen sollen nur die aus dem erhitzten Holze sich entwickelnden Gase oder Dämpfe verbrennen. Ist die Verkohlung vollendet, was man an der Farbe des entweichenden Rauchs erkennt, so läßt man den Meiler abkühlen und nimmt ihn auseinander (...).“

Meyers Konversationslexikon,
Leipzig und Wien, 1885-1892

„Faszinierende Aussichten"

Es gibt zahlreiche Formen, sich einer so reizvollen Landschaft wie der Ostalb zu nähern: Der Spaziergänger entdeckt in aller Ruhe und mäßigen Schrittes die Details, die Juwelen dieser eindrucksvollen, üppigen Landschaft – wenn auch örtlich begrenzt.

Etwas zügiger, dafür anstrengender geht es zu, wenn man die Höhen und Täler sportlich im Lauftempo bewältigen will – die Teilnehmer des Albmarathons können ein Lied davon singen.

Wer es noch schneller und großflächiger mag, wer den schnellen Wechsel der Düfte liebt, der steigt auf's Rad – und schon scheint das Land sich zu beschleunigen.

In der Bahn, im Auto schließlich fliegen Burgen, Schlösser, Wälder, Flüsse und Wiesen am Betrachter vorüber und das Land verschmilzt endgültig zu einer farbenprächtigen Komposition.

Marathon auf der Alb

Was den meisten Teilnehmern an „Alb Marathon“ und „Alb Extrem“ eine pure Lust ist, treibt dem neutralen Beobachter schon beim bloßen Anblick den Schweiß auf die Stirn.

Bei diesen Sportereignissen erscheint alles extrem: die Länge der Strecke, die zu überwindenden Höhenmeter, die Teilnehmerzahl, das Wetter, die körperlichen Anstrengungen ...

Sind die Teilnehmer nicht gut trainiert, droht aus einem Traum auf der Alb ein Albtraum zu werden. Haben sie es aber geschafft, haben sie ihre ganz persönliche Schlacht erfolgreich geschlagen, dann überwiegen der Stolz und die Freude über die erbrachte Leistung.

Und zu Recht könnten sie, wie einst der Mann aus der Antike, der von Marathon nach Athen lief, ausrufen:
„Freut Euch, wir haben gesiegt!“

Der Sparkassen Alb Marathon Schwäbisch Gmünd zählt zu den größten Ultra-Marathonveranstaltungen Deutschlands.

Mit seinem fünfzig Kilometer langen, landschaftlich sehr attraktiven Rundkurs von Schwäbisch Gmünd über den Hohenstaufen, Hohenrechberg und Stuifen wird der Alb Marathon sogar für den Europacup der Ultramarathons gewertet.

S 294
T 864
M 669

… und läuft
und läuft
und läuft
S 58

M 668

S 572

Alb Extrem

Seit dem ersten Ottenbacher Radmarathon 1984 kommt das Streckenprofil von „Alb Extrem" alljährlich wie ein Abbild des Lebens daher: ein ewiges Auf und Ab.

Bis zu 3500 Teilnehmer nehmen regelmäßig an einer der schönsten und härtesten Radrundfahrten der Republik teil.

2010 begaben sich die Fahrer auf eine insgesamt 260 km lange Strecke; die zu bewältigende Höhendifferenz betrug 520 Meter; der Gesamtanstieg lag bei ca. 4500 Metern.
Das Gute daran: es geht auch immer wieder bergab. Nach harten Anstiegen mit bis zu sieben Prozent Steigung folgen rasante Abfahrten, bei denen höchste Konzentration und das ganze Können der Fahrer gefordert sind.

Wem die Strecke zu lang, zu hart erscheint, der wählt einfach eine der angebotenen Abkürzungen – um schnell festzustellen, dass auch diese 190 km und 210 km langen Abschnitte nicht weniger anspruchsvoll sind. Dreizehn Stunden bleiben den Teilnehmern, die Route vom Start bis zum Ziel abzufahren.

Da es sich aber um kein Rennen handelt, gibt es bei „Alb Extrem" auch keine Zeitmessung, egal welche Strecke man wählt. Das einzige was zählt: mitmachen und ankommen!

Grand Prix
07098

Ostalb Classic

Im Gegensatz zu den Härten von Albmarathon und Alb Extrem gilt für die Teilnehmer an Ostalb Classic: Gemächlich bewegt der Mensch sich fort, will er Landschaften erkunden, sich erholen und genießen.

Bei einer Orientierungsfahrt wie der Ostalb Classic geht es weniger um Sport als vielmehr um das Erleben der Teams in ihren liebevoll restaurierten, historischen Automobilen. Hier geht es nicht um donnernde Motoren oder quietschende, qualmende Reifen, hier wird nicht gerast.

Im Gegenteil: Fast meint man, sich beim Anblick der rollenden Museumsstücke an Goethes Spaziergänger zu erinnern: *„Ich ging im Walde so für mich hin, nach nichts zu suchen, das war mein Sinn."* Um dann schnell hinzuzufügen: lediglich nach dem richtigen Weg, denn das ist, neben anderen Geschicklichkeitsprüfungen, Teil der Aufgabe einer Orientierungsfahrt.

Faszination Oldtimer

Vor dem Start zur Ostalb Classic und später, nach etwa 150 Kilometern im Ziel, geht es darum zu sehen und gesehen zu werden: glänzender, blitzender Chrom, blank polierter Lack, aufwändig restaurierte Armaturen und Innenausstattungen.

Vom Alfa Romeo Giulietta 1300 Spider aus dem Jahr 1962 über einen 50 Jahre alten Fiat 600 bis zum Citroen C4 aus dem Jahre 1933: Besitzer, Beifahrer und Zuschauer erleben hier ein Stück Automobilgeschichte.

Bei der Ostalb Classic geht es um nichts weniger als um Leidenschaft.

11

15

AA TR 104H
TR4A

Rasende Möbelstücke beim Seifenkistenrennen

Pappbootregatta vor Helgoland, Schlickschlittenrennen im Watt, Seifenkistenrennen am Straßdorfer Berg.

Die Kreativität kennt keine Grenzen und kein Nord-Süd-gefälle, wenn es darum geht, sich möglichst originell fortzubewegen und daraus einen Wettbewerb zu machen.

Wenn Küchenmöbel auf Rädern einen Hang hinunter schießen und dabei die Schubladen in den Kurven auf und wieder zu fliegen; wenn Farbeimer scheinbar ungebremst durch Kurven rasen und eine flitzende Bandsäge an den Gmünder „Säge-Balle“ erinnert, dann werden beim Seifenkistenrennen in Schwäbisch Gmünd die kreativsten Tüftler als Sieger ermittelt.

Beim Fantasiecup steht im Gegensatz zu den anderen Rennen nicht die Platzierung, sondern die Originalität und Qualität der Fahrzeuge im Vordergrund.

www.leicht.de
made by LEICHT Lehrwerkstatt 2008
4

ALASKA
Monday
Sunday
International Date Line
MIDWAY IS
MARSHALL
P A

NORTH
AMERICA
CANADA
UNITED STATES
MEXICO
CALIFORNIA BAJA
GULF OF MEXICO
CENTRAL
AMERICA
ROCKY MOUNTAINS
BRITISH
ALBERTA
SASKATCHEWAN
MANITOBA
ONTARIO
San Francisco
Los Angeles
San Diego
Las Vegas
Phoenix
Tucson
Denver
Santa Fe
Albuquerque
El Paso
Dallas
Fort Worth
Austin
Houston
San Antonio
Galveston
Kansas City
St. Louis
Minneapolis
Omaha
Salt Lake City
Boise
Portland
Seattle
Vancouver
Victoria
Eureka
Oakland
San Jose
Chihuahua
Monterrey
Mazatlan
Culiacan
Hermosillo
Mexicali
La Paz
Mexico City
Puebla
Veracruz
Tampico
Matamoros
TROPIC OF CANCER
TROPIC OF CAPRICORN
GALAPAGOS IS.
P A C I F I C   O C E A N
HAWAIIAN IS.
Honolulu
Hilo
CHRISTMAS I.
TUAMOTU IS.
TAHITI
SOCIETY IS.
COOK IS.
W.SAMOA
Apia
TUVALU
100°
110°
120°
130°
140°
150°
160°
170°
180°
0°
10°
THE WORLD
INTERNATIONAL BOUNDARY
CAPITAL
CITY
RIVER
LAKE
MOUNTAINS

Kinder…

… voller Phantasie, verspielt, verschmust, verschmitzt, nervig, laut, frech, brummelig, brav, klug, dreckig, chaotisch und schlau. Kinder fragen viel, sind schon ganz schön groß, haben gerne Geheimnisse und vor allem Spaß; sie spielen, singen laut und lassen es krachen und knallen und klingen und kullern am liebsten den Hang hinunter, kommen an mit aufgeschlagenen Knien, atemlos, weinen, sind verzweifelt, müde, traurig, naiv, ängstlich, leben hier und jetzt, haben unendlich viel Zeit, dann aber alles sofort, später geht nicht, Morgen ist weit und Gestern längst vergessen.

… rennen, laufen, knuffen, kriechen und krauchen und raufen, schreien, lachen und schwupps tauchen sie ab in die Welt ihrer Phantasie – Erwachsene bleiben draußen. Kinder brauchen Sonne, Regen, Matsch, Platz und manchmal einen Hasen.

… planschen, schwimmen, schleichen, springen, rufen, flüstern, weinen, graben, klettern und jonglieren – müde sein und werden findet nicht statt.

Und die Erwachsenen: Die halten sich besser raus – oder machen mit. Dann begreifen unsere Kinder ihre Welt mit zarten Händen und denken nicht daran, sie jemals wieder herzugeben.

Heubach

wurde wiederholt zur kinder- und jugendfreundlichsten Stadt im Ostalbkreis gewählt.

Unter aktiver Mitwirkung sämtlicher Schulen und Kindergärten der Stadt findet das Heubacher Kinderfest alle drei Jahre statt.

Es ist Ausdruck und Höhepunkt der zahlreichen Heubacher Aktivitäten für Kinder und Jugendliche.

Kinderrechte sind Menschenrechte

- Kinder haben ein Recht auf Gleichheit
- Kinder haben ein Recht auf Gesundheit
- Kinder haben ein Recht auf Bildung
- Kinder haben ein Recht auf Ernährung
- Kinder haben ein Recht auf Spiel und Freizeit
- Kinder haben ein Recht auf freie Meinungsäußerung
- Kinder haben ein Recht auf Information und Gehör
- Kinder haben ein Recht auf Eigentum
- Kinder haben ein Recht auf gewaltfreie Erziehung
- Kinder haben ein Recht auf elterliche Fürsorge
- Kinder haben ein Recht auf Freiheit

Kinderrechte sind Menschenrechte

Der Autor

Udo Naruga lebte lange Jahre in Schwäbisch Gmünd und lernte hier Land, Leute und Gebräuche kennen und schätzen.

Er schrieb unter anderem zahlreiche Drehbücher für den SWR/ARD und verfasste etliche Biografien. Neben seiner Tätigkeit als Drehbuchautor und Ghostwriter leitet Udo Naruga Schreibwerkstätten in Nord- und Süddeutschland.

2007 zog es den gebürtigen Bremer zurück in seine Heimat. Heute lebt Udo Naruga mit seiner Familie in Cuxhaven und leitet dort die Agentur für Text und Kommunikation „WATT'N TEXT".

www.watt-texte.de

Der Fotograf

Johannes Rodi hat sich für den vorliegenden Bildband über viele Monate leidenschaftlich und intensiv mit Märkten und Traditionen der Ostalb und den damit eng verbundenen Menschen beschäftigt.

Um das richtige Gespür für Stimmung und Atmosphäre zu erhalten, ist der in Schwäbisch Gmünd lebende Fotograf häufig mehr als einmal an einen Ort oder zu einer Veranstaltung gefahren und hat so oft unerwartete Perspektiven und Details entdeckt. Entstanden sind durch dieses akribische Vorgehen eindrucksvolle Fotografien, die Eigenheiten und Besonderheiten der jeweiligen Tradition gut nacherlebbar machen.

Mit einem hohen Maß an Ausdauer und Hingabe begibt sich Johannes Rodi bei jedem einzelnen Foto auf die Suche nach der perfekten Bildgestaltung. Belohnt wird diese Arbeit durch Fotografien von besonderer Eindrücklichkeit und Schönheit.

www.photorodi.de